A Propos du Livre

Ce livre contient une variété de recettes délicieuses faciles, de la cuisine marocaine traditionnelles et moderne, comme indiqué dans l'index

INDEX

DIFFERENTS TYPES DES TAJINES	05
TYPES DE COUSCOUS	75
SALADES MAROCAINES	91
PLAT DE ELMROZIA MAROCAINE	102
TYPES ERRFISSA MAROCAINE	105
EPAULE D'AGNEAU AU FOUR	117
ZAALOUK MAROCAINE	120
TAKTOUKA MAROCAINE	123
3 TYPES BROCHETTES	126
PLAT DE POISSON AU FOUR	135
PLAT ETTKALIA MAROCAINE	139
3 TYPES DE PASTILA AU MAROC	142
3 TYPES D'ESSAFA MAROCAINE	153
SOUPE MAROCAINE (ELHARIRA)	162
SOUPE DE POISSON	165
POULET AU POMME DE TERRE	168
POULET AU FOUR AVEC LEGUMES	171
PLAT DE JAMBES DE BOEUF AUX POIS CHICHES (ELKORIINE)	174

Plat de viande aux prunes et abricots marocains

Ingrédients:
- 1,5 kg de bœuf
- 2 cuillères à soupe d'huile végétale
- Une cuillerée d'huile d'olive
- 2 gros oignons coupés en petits morceaux
- 2 gousses d'ail écrasées
- Bouquet de coriandre et persil
- 1 cuillère à café de curcuma
- 1 cuillère à soupe de gingembre
- 1/2 cuillère à café de poivre noir
- Cuillère à café de sel
- Une pincée de safran naturel (trempé dans l'eau)
- 2 bâtons de cannelle
- 150g de pruneaux séchés
- 150 g d'abricots secs
- 2 cuillères à soupe de beurre
- 2 cuillères à café de cannelle
- 4 cuillères à soupe de miel
- Amandes frites, pour la garniture

La façon de préparer:
- **Dans un bol, mettre les épices (gingembre, sel, poivre noir, curcuma et safran) et l'ail, mélanger les ingrédients avec une demi-tasse d'eau, puis mettre les morceaux de viande dans le mélange, couvrir la marmite et laisser tremper la viande les épices pendant une heure,**
- **On met une casserole sur feu doux, puis on ajoute l'huile, on coupe la viande et les oignons, puis on laisse reposer 10 minutes, en remuant, jusqu'à ce que la couleur de la viande et des oignons change**
- **Ajouter les bâtons de cannelle, le bouquet de coriandre, le persil et 1/2 litre d'eau et fermer la casserole pendant une heure et demie jusqu'à ce que la viande soit cuite et que le bouillon devienne épais.**
- **Dans un bol, mettre une cuillerée de beurre avec les pruneaux dilués et une demi-tasse d'eau. Quand c'est cuit, ajouter une cuillère à café de cannelle et 2 cuillères à soupe de miel et laisser reposer 5 minutes.**

- Dans un bol, mettre une cuillère à soupe de beurre avec les abricots dilués et une demi-tasse d'eau. Quand c'est cuit, ajouter une cuillère à café de cannelle et 2 cuillères à soupe de miel et laisser reposer 5 minutes.
- Mettez les amandes dans de l'eau bouillante, puis égouttez-les et enlevez la peau, Nous les séchons avec un mouchoir, les ajoutons et les faisons frire dans l'huile jusqu'à ce qu'elles prennent une couleur dorée.
- Lorsque la viande est cuite et que le bouillon devient épais, retirez le bouquet de coriandre et de persil, mettez la viande dans un plat de service avec le bouillon, décorez-la de pruneaux et d'abricots au miel, saupoudrez d'amandes frites et servez chaud.

Tajine au poulet, pommes de terre et olives

Ingrédients:
- Un poulet divisé en quatre morceaux
- Deux cuillères à soupe d'huile végétale
- une cuillerée d'huile d'olive
- 3 oignons coupés en petits morceaux
- 3 gousses d'ail écrasées
- Deux cuillères à soupe de coriandre et de persil hachés
- Une cuillère à café de curcuma
- Une cuillère à café de gingembre
- Une cuillère à café de poivre noir
- Cuillère à café de sel
- 3 pommes de terres douces, coupées en quartiers
- 150g d'olives vertes
- Citron mariné

La façon de préparer :

- **Dans un bol, mettre les épices (gingembre, sel, poivre noir, curcuma et safran) avec le persil, la coriandre et l'ail.**

- **Mélanger les ingrédients avec une demi-tasse d'eau, puis mettre les morceaux de poulet dans le mélange, couvrir la casserole et laisser les morceaux de poulet trempent les épices pendant une heure.**

- **Mettre le tajine à feu doux, puis ajouter l'huile végétale, les morceaux de poulet et les oignons, puis laisser reposer 10 minutes en remuant jusqu'à ce que le poulet et les oignons changent de couleur, puis ajouter une tasse d'eau,**

- **Disposez les morceaux de pommes de terre sur les côtés, puis versez le reste du mélange d'épices et une cuillère à soupe d'huile d'olive, couvrez le tajine et laissez cuire une heure.**

- **Ajouter les olives vertes et les tranches de citron mariné au milieu et laisser cuire pendant une demi-heure**

- **Lorsque le tajine est cuit, décorez-le d'un peu de persil, et servez chaud**

Tajine de Souss

Ingrédients:
- 1 kg de viande d'agneau
- Deux grosses cuillères d'huile végétale
- 1 cuillère à soupe d'huile d'olive
- 1 gros oignon coupé en petits morceaux
- Couper les oignons en cercles
- 1 tomate, coupée en cercles
- Gousse d'ail écrasée
- Deux cuillères à soupe de coriandre et de persil hachés
- 1 cuillère à café de curcuma
- 1 cuillère à café de gingembre
- 1 cuillère à café de poivre noir
- Cuillère à café de sel
- Un peu de safran naturel
- 100 g de raisins rouges séchés
- 100 grammes de prunes séchées
- 1 cuillère à café de cannelle
- 1 cuillère à soupe de miel
- l'huile d'olive

La façon de préparer:
- **Dans un bol, mettre les épices (gingembre, sel, poivre noir, curcuma et safran) avec le persil, la coriandre et l'ail.**
- **Mélanger les ingrédients avec une demi-tasse d'eau, puis mettre les morceaux de viande dans le mélange, couvrir la casserole et laissez la viande tremper les épices pendant une heure.**
- **Mettre le tajine sur feu doux, puis ajouter l'huile, couper la viande et les oignons, puis laisser reposer 10 minutes, en remuant, jusqu'à ce que la couleur de la viande et des oignons change**
- **Ajouter les rondelles de tomates et d'oignons sur la viande, les raisins secs, les pruneaux secs et une tasse d'eau et laisser cuire 1 heure,**
- **Ajouter le miel et la cannelle et laisser cuire encore ½ heure.**
- **Lorsque le tajine est cuit, décorez-le d'un peu d'olive et servez-le chaud.**

Tajine à la viande et aux artichauts

Ingrédients:
- 1kg viande de bœuf
- Deux cuillères à soupe d'huile végétale
- Une cuillerée d'huile d'olive
- Un gros oignon coupé en petits morceaux
- Une tomate coupée en petits morceaux
- Deux gousses d'ail écrasées
- Deux cuillères à soupe de coriandre et de persil hachés
- une cuillère à café de curcuma
- Une cuillère à café de gingembre
- 1 cuillère à café de poivre noir
- 1 Cuillère à café de sel
- Un peu de safran naturel
- Artichauts coupés en petits morceaux
- olives rouges
- Tranches de citron mariné

La façon de préparer :

- **Dans un bol, mettre les épices (gingembre, sel, poivre noir, curcuma et safran) avec le persil, la coriandre et l'ail.**
- **Mélanger les ingrédients avec une demi-tasse d'eau, puis mettre les morceaux de viande dans le mélange, couvrir la casserole et laissez la viande tremper les épices pendant une heure.**
- **On met l'autocuiseur à feu doux, puis on ajoute l'huile végétale, on coupe la viande et les oignons, puis on laisse reposer 10 minutes, en remuant, jusqu'à ce que la couleur de la viande et des oignons change,**
- **Ajoutez les tomates et remuez bien pendant 5 minutes, puis ajoutez un demi-litre d'eau.**
- **Fermez le pot pendant une demi-heure**
- **Ajouter les morceaux d'artichauts, un peu de persil, la coriandre, une cuillère à soupe d'huile d'olive et des tranches de citron mariné et laisser sur feu doux pendant une heure,**
- **Lorsque la viande est cuite, la mettre sur une assiette de service, la garnir d'un peu de persil, d'olives rouges et de tranches de citron mariné et servir chaud.**

Tajine au poulet et aux olives

Ingrédients:
- Un poulet divisé en quatre morceaux
- Deux cuillères à soupe d'huile végétale
- une cuillerée d'huile d'olive
- 3 oignons coupés en petits morceaux
- 3 gousses d'ail écrasées
- Deux cuillères à soupe de coriandre et de persil hachés
- une cuillère à café de curcuma
- une cuillère à café de gingembre
- 1 cuillère à café de poivre noir
- Cuillère à café de sel
- 150g d'olives vertes
- Citron mariné

La façon de préparer:

- **Dans un bol, mettre les épices (gingembre, sel, poivre noir, curcuma et safran) avec le persil, la coriandre et l'ail.**
- **Mélanger les ingrédients avec une demi-tasse d'eau, puis mettre les morceaux de poulet dans le mélange, couvrir la casserole et laisser les morceaux de poulet trempent les épices pendant une heure.**
- **Mettre le tajine à feu doux, puis ajouter l'huile végétale, les morceaux de poulet et les oignons, puis laisser reposer 10 minutes en remuant jusqu'à ce que le poulet et les oignons changent de couleur, puis ajouter une tasse d'eau,**
- **Ajoutez une cuillère à soupe d'huile d'olive, fermez le tajine et laissez cuire à feu doux pendant une heure.**
- **Ajouter les olives vertes et les tranches de citron mariné et laisser cuire une demi-heure,**
- **Lorsque le tajine est cuit, décorez-le d'un peu de persil et servez chaud.**

Tajine à la viande, petits pois et artichauts

Ingrédients:
- un kilo Viande de bœuf
- Deux grosses cuillères d'huile végétale
- 1 cuillère à soupe d'huile d'olive
- 1 gros oignon coupé en petits morceaux
- 1 tomate coupée en petits morceaux
- Gousse d'ail écrasée
- Deux cuillères à soupe de coriandre et de persil hachés
- 1 cuillère à café de curcuma
- 1 cuillère à café de gingembre
- 1 cuillère à café de poivre noir
- Cuillère à café de sel
- Un peu de safran naturel
- 4 pièces artichauts
- 250 grammes de petits pois

La façon de préparer:

- **Dans un bol, mettre les épices (gingembre, sel, poivre noir, curcuma et safran) avec le persil, la coriandre et l'ail.**
- **Mélanger les ingrédients avec une demi-tasse d'eau, puis mettre les morceaux de viande dans le mélange, couvrir la casserole et laissez la viande tremper les épices pendant une heure.**
- **Mettre le tajine sur feu doux, puis ajouter l'huile végétale, les morceaux de viande et les oignons, puis laisser reposer 10 minutes en remuant, jusqu'à ce que la couleur de la viande et des oignons change,**
- **Ajouter les tomates et bien mélanger pendant 5 minutes,**
- **On ajoute le cœur des pois de barbarie sur les côtés et on met les pois au milieu sur la viande et on verse sur le reste du mélange d'épices, puis on ajoute une tasse et demie d'eau,**
- **Ajouter une cuillère à soupe d'huile d'olive, fermer le tajine et laisser cuire à feu doux pendant deux heures, jusqu'à ce que les légumes et la viande soient tendres.**
- **Lorsque le tajine est cuit, décorez-le d'un peu de persil et servez chaud.**

Plat de viande aux coings

Ingrédients:
- 1,5 kg de bœuf
- Deux cuillères à soupe d'huile végétale
- Une cuillerée d'huile d'olive
- 2 gros oignons coupés en petits morceaux
- Deux gousses d'ail écrasées
- Bouquet de coriandre et persil
- 1 cuillère à café de curcuma
- 1 cuillère à soupe de gingembre
- 1/2 cuillère à café de poivre noir
- Cuillère à café de sel
- Une pincée de safran naturel (trempé dans l'eau)
- 2 bâtons de cannelle
- 4 morceaux de coing
- 2 cuillères à soupe de beurre
- Une cuillère à café de cannelle
- 2 cuillères à soupe de miels

La façon de préparer :
- Dans un bol, mettre les épices (gingembre, sel, poivre noir, curcuma et safran) et l'ail, mélanger les ingrédients avec une demi-tasse d'eau, puis mettre les morceaux de viande dans le mélange, couvrir la marmite et laisser tremper la viande les épices pendant une heure,
- On met une casserole sur feu doux, puis on ajoute l'huile, on coupe la viande et les oignons, puis on laisse reposer 10 minutes, en remuant, jusqu'à ce que la couleur de la viande et des oignons change,
- Ajouter les bâtons de cannelle, le bouquet de coriandre, le persil et 3/4 litre d'eau et fermer la casserole pendant une heure et demie jusqu'à ce que la viande soit cuite et que le bouillon devienne épais.
- Dans un bol, mettre les coings, divisés en 4, sans les noyaux, et les couvrir d'eau.
- Quand c'est cuit, ajouter une cuillère à café de cannelle et 2 cuillères à soupe de miel et laisser mariner 5 minutes.
- Lorsque la viande est cuite, retirez le bouquet de coriandre et de persil, mettez la viande dans un plat de service, décorez-la de coings au miel sur les côtés et servez chaud.

Tajine de poulet aux oignons et raisins secs

Ingrédients:
- Un poulet divisé en quatre morceaux
- Deux cuillères à soupe d'huile végétale
- Une cuillerée d'huile d'olive
- 3 morceaux d'oignons tranchés
- Oignon coupé en cercles
- 3 gousses d'ail écrasées
- Deux cuillères à soupe de coriandre et de persil hachés
- 1 cuillère à café de curcuma
- Une cuillère à café de gingembre
- 1 cuillère à café de poivre noir
- Cuillère à café de sel
- Un peu de safran
- 250g yeux rouges séchés
- Une cuillère à café de cannelle,
- 1 cuillère à soupe de miel

La façon de préparer:

- **Dans un bol, mettre les épices (gingembre, sel, poivre noir, curcuma et safran) avec le persil, la coriandre et l'ail.**

- **Mélanger les ingrédients avec une demi-tasse d'eau, puis mettre les morceaux de poulet dans le mélange, couvrir la casserole et laisser les morceaux de poulet trempent les épices pendant une heure.**

- **Mettre le tajine sur feu doux, puis ajouter l'huile végétale, les morceaux de poulet et les oignons, puis laisser reposer 10 minutes, en remuant, jusqu'à ce que la couleur du poulet et des oignons change,**

- **Disposez les cercles de poulet sur les morceaux de poulet, puis versez le reste du mélange d'épices, une cuillerée d'huile d'olive et un verre d'eau, couvrez le tajine et laissez cuire une demi-heure.**

- **Ajouter les raisins secs préalablement trempés dans l'eau sur les rondelles d'oignon, de cannelle et de miel et laisser cuire une heure.**

- **Lorsque le tajine est cuit, décorez-le d'œufs durs et servez chaud.**

Tajine merlan aux carottes et olives

Ingrédients:
- 1 kg de poisson merlan
- Deux cuillères à soupe d'huile végétale
- Une cuillerée d'huile d'olive
- Un gros oignon coupé en petits morceaux
- 1 tomate, coupée en cercles
- 3 gousses d'ail écrasées
- Deux cuillères à soupe de coriandre et de persil hachés
- une cuillère à café de curcuma
- une cuillère à café de gingembre
- 1/2 cuillère à café de poivre noir
- Cuillère à café de sel
- cuillère de paprika
- 3 carottes, tranchées dans le sens de la longueur
- 1 piment doux, tranché dans le sens de la longueur
- Olive
- Tranches de citron mariné

La façon de préparer:
- **Dans un bol, mettre les épices (gingembre, sel, poivre noir, curcuma et paprika) avec le persil, la coriandre et l'ail.**
- **Mélanger les ingrédients avec une demi-tasse d'eau, puis mettre les morceaux de merlan dans le mélange, couvrir la casserole et laissez le poisson tremper les épices pendant une heure.**
- **Mettre le tajine sur feu doux, puis ajouter l'huile végétale et les oignons, puis laisser reposer 10 minutes en remuant, jusqu'à ce que la couleur de l'oignon change.**
- **Ajouter les morceaux de carottes sur les oignons, mettre les morceaux de merlan dessus et verser le reste du mélange d'épices**
- **Ajouter les rondelles de tomates, les tranches de poivrons doux et les tranches de citron mariné et laisser reposer à feu doux pendant une heure**
- **Lorsque le poisson est cuit, décorez-le d'un peu de persil, d'olives vertes et de tranches de citron mariné et servez chaud.**

Tajine à la viande et aux légumes

Ingrédients:
- 1kg de bœuf
- Deux cuillères à soupe d'huile végétale
- Une cuillerée d'huile d'olive
- 1 gros oignon émincé
- Une tomate coupée en petits morceaux
- Deux gousses d'ail écrasées
- Deux cuillères à soupe de coriandre et de persil hachés
- Une cuillère à café de curcuma
- Une cuillère à café de gingembre
- 1 cuillère à café de poivre noir
- 1 Cuillère à café de sel
- Un peu de safran naturel
- 3 carottes, tranchées dans le sens de la longueur
- Deux pommes de terre, coupées en quatre dans le sens de la longueur
- 150g de petits pois + 100g de pruneaux (optionnel)

La façon de préparer:

- Dans un bol, mettre les épices (gingembre, sel, poivre noir, curcuma et safran) avec une cuillère à soupe de persil, coriandre et ail.
- Mélanger les ingrédients avec une demi-tasse d'eau, puis mettre les morceaux de viande dans le mélange, couvrir la casserole et laissez la viande tremper les épices pendant une heure.
- Mettre le tajine sur feu doux, puis ajouter l'huile végétale, les morceaux de viande et les oignons, puis laisser reposer 10 minutes en remuant, jusqu'à ce que la couleur de la viande et des oignons change,
- Ajouter les tomates et bien mélanger pendant 5 minutes,
- Ajouter les carottes et les pommes de terre sur les côtés, mettre les petits pois au milieu sur la viande, verser le reste du mélange d'épices dessus, puis ajouter une tasse d'eau,
- Ajoutez une cuillère à soupe d'huile d'olive, fermez le tajine, et laissez cuire à feu doux jusqu'à ce que les légumes et la viande soient cuits.
- Lorsque le tajine est cuit, décorez-le d'un peu de persil, de pruneaux et servez chaud.

Tajine de foie de veau aux œufs

Ingrédients:
- 500g de foie de veau
- 2 cuillères à soupe d'huile végétale
- 2 cuillères à soupe d'huile d'olive
- Un gros oignon coupé en petits morceaux
- Une tomate coupée en petits morceaux
- Une cuillère à soupe de tomates en conserve,
- Deux gousses d'ail écrasées
- Deux cuillères à soupe de coriandre et de persil hachés
- 1 cuillère à café de cumin
- cuillère à café de gingembre
- 1/2 cuillère à café de poivre noir
- Cuillère à café de sel
- Une cuillère à café de paprika
- 2 œufs

La façon de préparer:
- Bien laver le foie et le couper en petits cubes.
- Mettre le tajine sur feu doux, puis ajouter l'huile végétale et l'oignon, puis laisser reposer 10 minutes en remuant, jusqu'à ce que la couleur de l'oignon change.
- Ajouter les tomates, les tomates en conserve, la purée d'ail, les épices (cumin, paprika, sel, gingembre et poivre noir), la coriandre et le persil, et bien mélanger pendant 5 minutes jusqu'à ce que les ingrédients soient mélangés.
- Ajouter les morceaux de foie et bien mélanger les ingrédients.
- Ajouter une demi-tasse d'eau, fermer le tajine et cuire à feu doux pendant une heure.
- Lorsque le foie est cuit, ajoutez deux œufs et fermez le tajine jusqu'à ce que les œufs soient cuits.
- Lorsque le tajine est cuit, décorez-le d'un peu de persil et servez chaud.
- *Il peut être servi avec des frites.*

Tajine de boulettes de sardines à la sauce tomate

Ingrédients:
- **500g de sardines**
- **Deux cuillères à soupe d'huile végétale**
- **Deux cuillères à soupe d'huile d'olive**
- **Petit oignon, haché**
- **2 tomates, hachées**
- **1 cuillère à soupe de tomates en conserve,**
- **3 gousses d'ail écrasées**
- **Deux cuillères à soupe de coriandre et de persil hachés**
- **Une cuillère à café de gingembre**
- **1/2 cuillère à café de poivre noir**
- **Cuillère à café de sel**
- **Une cuillère à café de paprika**
- **1 cuillère à café de cumin**
- **Tranches de citron mariné**
- **Feuille de laurier**

La façon de préparer:
- **On lave bien la sardine, on en retire les épines et la peau, on la broie avec deux gousses d'ail, une cuillère à soupe de persil, coriandre, purée d'oignons et moitié moins d'épices (cumin, paprika, sel, gingembre et noir poivre) jusqu'à ce que nous obtenions de la viande hachée des sardines.**
- **Mettez le tajine sur feu doux, puis ajoutez les tomates confites, la purée d'ail et le reste des épices (cumin, paprika, sel, gingembre et poivre noir), une cuillerée de coriandre et de persil, et remuez bien pendant 5 minutes jusqu'à les ingrédients sont combinés.**
- **Nous formons de petites boules égales de viande hachée pour le poisson et les mettons dans le tajine, et ajoutons les tranches de citron marinées et la feuille de laurier,**
- **Fermez le tajine et laissez cuire à feu doux pendant 1/2 heure sans ajouter d'eau.**
- **Lorsque le tajine est cuit, décorez-le d'un peu de persil et servez chaud.**
- *Il peut être accompagné de frites.*

Tajine de pommes de terre aux olives sans viande

Ingrédients:
- 3 pomme de terre
- Oignon de taille moyenne
- purée de tomates ou sauce
- Épices (curcuma, gingembre, poivre noir, cumin, sel)
- l'ail
- Huile d'olive
- Persil
- olive verte

la façon de préparer:
- Couper un oignon en petits morceaux
- Ensuite, nous ajoutons des épices
- une cuillère à café de piment rouge,
- curcuma, gingembre, poivre noir,
- cumin, ail râpé, une pincée de sel,
- l'huile d'olive est nécessaire car elle donne le tajine a une saveur merveilleuse et peut être utilisé huile ordinaire aussi.
- Mettre le tajine à feu moyen.
- Tomates broyées avec les mêmes épices ajoutées Persil avec un peu d'eau et bien mélanger,
- ajouter ensuite les pommes de terre au mélange en forme de cercles, On fait pareil avec les tomates.
- Une fois les oignons cuits dans le tajine, ajoutez ensuite les pommes de terre et les tomates hydratées dans le mélange soigneusement et ensuite Verser le mélange de sauce sur les légumes et ajouter les olives.
- Fermez le tajine et laissez cuire à feu doux jusqu'à ce que le bouillon épaississe.
- Et enfin bonne appétit et santé

Tajine aux fruits de mer

Ingrédients:
- 250 g de Moules, 250 g de crevettes, 250 g de calmar
- Tomates rôties - 2 pièces
- Huile d'olive - une demi-tasse
- Ail émincé - 3 gousses
- Un mélange de coriandre et de persil hachés
- 3 cuillères à soupe de curcuma
- Une cuillère à café cumin
- 1 cuillère à café gingembre
- 1 cuillère à café poivre noir
- La pointe d'une cuillère à café poivre rouge
- Paprika
- Tête d'une cuillère à café
- Sel
- Olive verte ou rouge

La façon de préparer:
- **Mettre une demi-tasse d'huile d'olive avec les tomates frottées dans le tajine à feu doux.**
- **Ajouter une demi cuillère à soupe de curcuma, gingembre, cumin, poivre noir, paprika, sel, ail.**
- **Mélanger les ingrédients et cuire 5 minutes, puis ajouter le laurier, la coriandre et le persil.**
- **Ensuite, nous ajoutons des crevettes, du Kalmar, des moules, des tranches de citron, des piments forts, et fermons le tajine pour cuire pendant 20 minutes, en plus, vous pouvez ajouter un peu de persil et d'olives.**

Tajine de merlan aux raisins rouges et oignons

Ingredients:
- **500 g de merlan**
- **oignons coupés en dès**
- **Coriandre et persil hachés, curcuma, poivre noir, gingembre, deux gousses d'ail.**
- **200 g de raisins rouges**
- **Safran bouilli dans une demi-tasse d'eau**
- **1/2 tasse d'huile d'olive**
- **Un peu de sucre en poudre avec de la cannelle**

La façon de préparer:
- **Mettez un pot de coriandre avec du persil et ajoutez deux gousses d'ail,**
- **Ajouter le curcuma naturel, le gingembre, le poivre noir et une pincée de sel, un peu de cannelle et d'huile, bien mélanger les ingrédients, puis ajouter une demi-tasse d'eau bouillante avec du safran.**
- **Mettre les bords du Merlan sur le mélange, mélanger et laisser reposer une heure.**
- **Une fois le temps écoulé, nous mettons le poisson dans les filets et ajoutons les oignons au mélange et le mélangeons avec lui, des granules de sucre sont ajoutés,**
- **Mettez l'oignon mélangé au mélange dans le tajine, puis quelques raisins secs.**
- **Disposer les côtés du poisson sur l'oignon miel avec les raisins secs, ajouter les oignons, les raisins secs et le reste de bouillon et cuire à feu doux pendant 45 minutes.**
- **Au bout d'une 1/2 heure, remuez délicatement le poisson pour qu'il ne colle pas au tajine, et servez tiède.**

Tajine de calamars

Ingredients:
- 750g de calamar
- Tomates rôties - 2 pièces
- Huile d'olive - une demi-tasse
- Ail émincé - 3 gousses
- Un mélange de coriandre et de persil hachés
- 3 cuillères à soupe de curcuma - une cuillère à café
- Cumin - 1 cuillère à café
- Gingembre - 1 cuillère à café
- Poivre noir - la pointe d'une cuillère à café
- Poivron rouge
- Paprika
- Tête d'une cuillère à café
- Sel

La façon de préparer:
- **Mettre une demi-tasse d'huile d'olive avec les tomates frottées dans le tajine à feu doux.**
- **Ajouter une demi cuillère à soupe de curcuma, gingembre, cumin, poivre noir, paprika, sel, ail.**
- **Mélanger les ingrédients et cuire 5 minutes, puis ajouter le laurier, la coriandre et le persil.**
- **Ensuite, nous ajoutons 750 gr de calamars, des tranches de citron, des piments forts, et fermons le tajine pour cuire pendant 20 minutes, en plus, vous pouvez ajouter un peu de persil et d'olives.**

Tajine de crevettes

Ingrédients:
- 750 g de crevettes
- Tomates rôties - 2 pièces
- Huile d'olive - une demi-tasse
- Ail émincé - 3 gousses
- Un mélange de coriandre et de persil hachés
- 3 cuillères à soupe de curcuma
- Une cuillère à café Cumin
- 1 cuillère à café gingembre
- 1 cuillère à café poivre noir
- La pointe d'une cuillère à café
- Poivron rouge
- Paprika
- Tête d'une cuillère à café
- Sel

La façon de préparer:
- **Mettre une demi-tasse d'huile d'olive avec les tomates frottées dans le tajine à feu doux.**
- **Ajouter une demi cuillère à soupe de curcuma, gingembre, cumin, poivre noir, paprika, sel, ail.**
- **Mélanger les ingrédients et cuire 5 minutes, puis ajouter le laurier, la coriandre et le persil.**
- **Ensuite, nous ajoutons 750 gr de Crevettes, des tranches de citron, des piments forts, et fermons le tajine pour cuire pendant 20 minutes, en plus, vous pouvez ajouter un peu de persil et d'olives.**

Tajine de moules

Ingrédients:
- **750 g de moules**
- **Tomates rôties - 2 pièces**
- **Huile d'olive - une demi-tasse**
- **Ail émincé - 3 gousses**
- **Un mélange de coriandre et de persil hachés**
- **3 cuillères à soupe de curcuma**
- **une cuillère à café Cumin - 1 cuillère à café**
- **Gingembre - 1 cuillère à café poivre noir**
- **La pointe d'une cuillère à café poivron rouge, paprika**
- **Tête d'une cuillère à café**
- **Sel**
- **Olive verte ou rouge**

La façon de préparer:
- **Mettre une demi-tasse d'huile d'olive avec les tomates frottées dans le tajine à feu doux.**
- **Ajouter une demi cuillère à soupe de curcuma, gingembre, cumin, poivre noir, paprika, sel, ail.**
- **Mélanger les ingrédients et cuire 5 minutes, puis ajouter le laurier, la coriandre et le persil.**
- **Ensuite, on ajoute 750 gr de Moules, des rondelles de citron, des piments forts, et on ferme le tajine pour cuire 20 minutes, en plus, vous pouvez ajouter un peu de persil et d'olives.**

Tajine de viande hachée et sauce tomate

***Ingrédients*:**
- 750 g de viande hachée
- 2 cuillères à soupe d'huile végétale
- 2 cuillères à soupe d'huile d'olive
- Un gros oignon coupé en petits morceaux
- 3 tomates coupées en petits morceaux
- 2 cuillères à soupe de tomates en conserve,
- 2 gousses d'ail écrasées
- 2 cuillères à soupe de coriandre et de persil hachés
- Une cuillère à café de gingembre
- 1/2 cuillère à café de poivre noir
- Cuillère à café de sel
- 1 cuillère à café de cumin
- Une cuillère à café de paprika

La façon de préparer :
- **Mettre le tajine sur feu doux, puis ajouter l'huile végétale et les oignons, puis laisser reposer 10 minutes en remuant, jusqu'à ce que les oignons changent de couleur.**
- **Ajouter les tomates, les tomates en conserve, la purée d'ail, le piment de la Jamaïque (cumin, paprika, sel, gingembre et poivre noir), la coriandre et le persil, et bien mélanger pendant 5 minutes jusqu'à ce que les ingrédients soient combinés.**
- **Formez de petites boules égales de viande hachée et placez-les dans le tajine.**
- **Ajoutez ½ tasse d'eau, fermez le tajine et laissez cuire à feu doux pendant une heure.**
- **Lorsque le tajine est cuit, décorez-le d'un peu de persil et servez chaud.**
- **Des œufs peuvent être ajoutés sur les boulettes de viande hachées.**
- *Il peut être accompagné de frites.*

Tajine de poulet aux frites

Ingrédients:
- poulet
- sel selon le duc
- Cheveux mèches safran, un peu d'eau
- Cuillère à café de gingembre
- Une demi cuillère à café de safran curcuma
- Cuillerée de poivre noir
- La tête d'une cuillerée de coriandre écrasés
- Tête de cuillère à cannelle en option, vous pouvez la remplacer par un bâton de cannelle
- Tête de cuillère d'assaisonnement de poulet
- Trois gousses d'ail émincées
- Un peu de coriandre hachée
- Huile d'olive ou huile végétale
- Pommes de terre et huile pour la friture.
- Olive vert
- Citron bouilli

la façon de préparer:
- **Mettez le poulet dans un bol et ajoutez-y une cuillerée de gingembre, Poivre Noir, Curcuma,**
  cannelle, assaisonnement Poulet, Cannelle, Sel, ghee, 3 gousses d'ail émincé et persil haché.
- **Safran avec un peu d'eau, puis d'huile d'olive ou végétale,**
- **Nous mélangeons tous ces ingrédients avec le poulet dans le pot et le laissons réfrigérer pendant deux heures car le résultat est très savoureux Ou faites-le cuire directement s'il y a un manque de temps.**
- **Hacher un oignon moyen dans un tajine avec un peu d'huile On met le tajine à feu doux.**
- **Mettez le poulet frit avec du bouillon sur les oignons**
- **Nous ajoutons trois côtés du citron bouilli et couvrons le tajine.**
- **Nous coupons les pommes de terre en morceaux verticaux, faites-le ensuite frire dans de l'huile végétale et une fois que le tajine de poulet a mûri, ajoutez-le à celui-ci quelques olives vertes et frites.**
- **Il est très savoureux et servi chaud avec santé et bien-être.**

Tajine de chou-fleur aux œufs et tomates

Ingrédients:
- 350g de chou-fleur
- Tomates rôties - 2 pièces
- Huile d'olive - une demi-tasse
- Ail émincé - 3 gousses
- Un mélange de coriandre et de persil hachés
- 3 cuillères à soupe de curcuma
- Une cuillère
  à café Cumin - 1 cuillère à café
  Gingembre - 1 cuillère à café
- poivre noir
- La pointe d'une cuillère à café poivre rouge, paprika
- Tête d'une cuillère à café
- Sel
- 5 œufs

La façon de préparer:
- Mettre une demi-tasse d'huile d'olive avec les tomates dans le tajine à feu doux.
- Ajouter une demi-cuillère à soupe de curcuma, gingembre, cumin, poivre noir, paprika, sel et ail.
- Mélanger les ingrédients et cuire 5 minutes, puis ajouter le laurier, la coriandre et le persil.
- Ajoutez ensuite le chou-fleur une fois cuit, les tranches de citron, le piment, les œufs et fermez le tajine pour laisser mijoter pendant 20 minutes, vous pouvez également ajouter un peu de persil et d'olives.

Tajine aux œufs, pommes de terre et fromage

Ingrédients:
- 1/4 tasse d'huile d'olive
- 4 patates douces
- 1 tasse d'eau
- 1 oignon coupé en cubes
- 3 œufs
- Sel
- Épices : poivre noir - poivron rouge – curcuma
- sandwich au fromage
- Persil haché

La façon de préparer:
- Mettre 1/4 tasse d'huile d'olive dans le tajine
- Ajouter une purée d'oignon moyen,
- Ajouter une pincée de sel, poivre noir et rouge, curcuma,
- Laissez le tajine saisir à feu doux,
- Ajouter 4 pommes de terre en forme de cercles avec un peu de sel et les placer dans le tajine
- Un petit verre d'eau, puis refermer le tajine pour cuire,
- Quand l'eau du tajine est réduite, ajoutez 4 œufs aux pommes de terre,
- Fermez le tajine pour cuire, et quand c'est presque fait, mettez le fromage dessus avec un peu de persil et servez chaud,

Tajine aux œufs et Tomates

Ingrédients:
- ¼ tasse d'huile d'olive
- 3 tomates douces
- 1 tasse d'eau
- 1 oignon coupé en cubes
- 3 œufs
- Sel
- Épices : poivre noir - poivron rouge – curcuma
- Sandwich au fromage
- Persil haché

La façon de préparer:
- **Mettre 1/4 tasse d'huile d'olive dans le tajine**
- **Ajouter une pincée de sel, poivre noir et rouge, curcuma**
- **Laissez le tajine saisir à feu doux**
- **Ajouter 3 tomates coupées en cubes dans le tajine.**
- **Un petit verre d'eau, puis refermer le tajine pour cuire**
- **Quand l'eau du tajine est réduite, ajoutez 4 œufs aux pommes de terre**
- **Fermez le tajine pour cuire, et quand c'est presque fait, mettez le fromage dessus avec un peu de persil et servez chaud**

Couscous de Poulet et Ettfaya

Pour le bouillon :
- 2 kg de poulet bien lavé
- 1 gros oignon émincé
- Deux cuillères à soupe d'huile de table
- 1 cuillère à soupe de curcuma
- 1 cuillère à soupe de gingembre
- 1 cuillère à café de poivre noir
- le bâton de cannelle
- sel
- 1 cuillère à café de ghee chaud
- 3 litres d'eau
- Un bouquet de coriandre et de persil
- cuillère à beurre

pour le couscous :
- 1 kg de couscous moyen
- 1 cuillère à soupe d'huile d'olive
- une cuillère à café de ghee
- sel
- 1/2 litre d'eau (selon la qualité du couscous)

Pour ettfaya:
- **Deux cuillères à soupe d'huile végétale**
- **250 g de raisins rouges séchés**
- **Safran naturel**
- **Pincée de sel**
- **une pincée de gingembre**
- **4 oignons, tranchés dans le sens de la longueur**
- **une cuillère à café de cannelle**
- **3 cuillères à soupe de miel**
- **1/2 litre d'eau**

Décorer:
- **œufs pochés**
- **200 g d'amandes grillées**

Comment préparer le bouillon ?
- **Dans une casserole, mettre le poulet avec les oignons et l'huile et laisser reposer 5 minutes, en remuant, jusqu'à ce que la couleur de l'oignon change.**
- **Ajouter les épices (sel, curcuma, gingembre, poivre noir, safran) et bien mélanger.**
- **Ajouter un bouquet de coriandre, persil, bâton de cannelle, ghee chaud et eau et fermer la casserole pendant une heure.**
- **Lorsque le poulet est cuit, badigeonnez-le d'un peu de beurre et mettez-le au four pendant 15 minutes, jusqu'à ce qu'il soit doré.**
- **Nous faisons bouillir 4 œufs.**
- **Mettez les amandes dans de l'eau bouillante, puis égouttez-les et enlevez la peau.**
- **Nous les séchons avec un mouchoir, les ajoutons et les faisons frire dans l'huile jusqu'à ce qu'elles prennent une couleur dorée.**

Présentation:
- **On vide le couscous dans une assiette de service, on le saupoudre de bouillon, on met le poulet rôti au milieu, puis on ajoute les boulettes sur le poulet, décorer avec des œufs durs coupés en deux sur les côtés et ajouter le amandes grillées.**

Comment préparer le couscous ?
- **Mettez le couscous dans un grand bol, ajoutez-y du sel et de l'huile, puis ajoutez une tasse d'eau et frottez le couscous à la main jusqu'à ce que tous les grains de couscous soient humides.**
- **Laisser le couscous reposer un moment jusqu'à ce que l'eau soit absorbée.**
- **Mettre le couscous dans le cuit-vapeur et laisser reposer 15 minutes.**
- **On vide le couscous dans un bol, on ajoute une tasse d'eau et on le frotte bien jusqu'à ce que les grains de couscous se séparent les uns des autres, on laisse reposer un peu,**
- **Mettez le couscous dans un cuiseur vapeur et laissez-le pendant 15 minutes.**
- **Nous vidons le couscous dans un bol, ajoutons une tasse d'eau et le frottons bien jusqu'à ce que les grains de couscous se séparent les uns des autres, laissez reposer un peu, remuez avec une cuillère de ghee et remettez-le dans la marmite à vapeur pendant 10 minutes.**

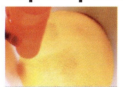  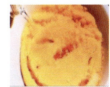

Comment préparer Ettfaya ?
- **Mettez l'oignon et l'huile et remuez pendant 5 minutes.**
- **Ajouter de l'eau et laisser les oignons ramollir**
- **Ajouter les raisins rouges séchés, le miel et la cannelle et laisser jusqu'à ce qu'il devienne tendre.**

Comment présenter:
- **On vide le couscous dans une assiette de service, on l'humidifie avec du bouillon de légumes, on met la viande au milieu, on dispose les légumes sur les côtés, puis on ajoute ettfaya sur la viande**

Couscous de Viande et ettfaya

Pour le bouillon :
- 1 kg de viande
- 1 gros oignon émincé
- Deux cuillères à soupe d'huile de table
- 1 cuillère à soupe de curcuma
- 1 cuillère à soupe de gingembre
- 1 cuillère à café de poivre noir
- le bâton de cannelle
- sel
- 1 cuillère à café de ghee chaud
- 3 litres d'eau
- Un bouquet de coriandre et de persil

Pour le couscous :
- 1 kg de couscous moyen
- 1 cuillère à soupe d'huile d'olive
- une cuillère à café de ghee
- sel
- 1/2 litre d'eau (selon la qualité du couscous)

Pour ettfaya:
- Deux cuillères à soupe d'huile végétale
- 250 g de raisins rouges séchés
- Safran naturel
- Pincée de sel
- une pincée de gingembre
- 4 oignons, tranchés dans le sens de la longueur
- une cuillère à café de cannelle
- 3 cuillères à soupe de miel
- 1/2 litre d'eau

Décorer:
- œufs pochés
- 200 g d'amandes grillées

Comment préparer le bouillon ?
- **Dans une casserole, mettre les morceaux de viande avec les oignons et l'huile et laisser reposer 5 minutes, en remuant, jusqu'à ce que la viande prenne une couleur dorée.**
- **Ajouter les épices (sel, curcuma, gingembre, poivre noir, safran) et bien mélanger.**
- **Ajouter le bouquet de coriandre, le persil, le bâton de cannelle, le ghee chaud et l'eau et fermer la casserole pendant une heure et demie.**
- **Nous faisons bouillir 4 œufs**
- **Mettez les amandes dans de l'eau bouillante, puis égouttez-les et enlevez la peau.**
- **Nous les séchons avec un mouchoir, les ajoutons et les faisons frire dans l'huile jusqu'à ce qu'elles prennent une couleur dorée.**

Comment présenter ?
- **On vide le couscous dans un plat de service, on le saupoudre de bouillon, on met la viande au milieu, puis on ajoute l'ettfaya par dessus la viande, on met les œufs durs coupés en deux dans le sens de la longueur sur les côtés et on ajoute le rôti amandes.**

Couscous du viande Légumes et Ettfaya

Pour le couscous :
- 1 kilo de couscous moyen
- 1 cuillère à soupe d'huile d'olive
- une cuillère à café de ghee
- sel
- 2 tasses d'eau (selon la qualité du couscous)

Ettfaya :
- Deux cuillères à soupe d'huile végétale
- 250 g de raisins rouges séchés
- 4 oignons, tranchés dans le sens de la longueur
- 1 cuillère à café de cannelle
- 3 cuillères à soupe de miel
- un demi-litre d'eau

Pour le bouillon :
- 1 kg de viande
- 1 gros oignon émincé
- Deux tomates, hachées
- Deux cuillères à soupe d'huile de table
- 1 cuillère à soupe de curcuma
- 1 cuillère à soupe de gingembre
- 1 cuillère à café de poivre noir
- sel
- 3 litres d'eau
- 150g de pois chiches pré-trempés
- 3 carottes, pelées et coupées en deux
- 3 courgettes, coupées en deux
- 3 chou frisé, coupé en deux
- Un demi-kilogramme de citrouille coupée en gros morceaux
- Un demi-kilogramme de chou, coupé en gros morceaux
- Un bouquet de coriandre et de persil
- Un morceau de piment

Comment préparer le bouillon :

- **Dans une casserole, mettre les morceaux de viande avec les oignons, les tomates et l'huile et laisser reposer 5 minutes, en remuant, jusqu'à ce que la viande prenne une couleur dorée.**
- **Ajouter les épices (sel, curcuma, gingembre, poivre noir) et bien mélanger**
- **Ajouter les pois chiches trempés, le bouquet de coriandre, le persil et l'eau, et fermer la casserole pendant une demi-heure.**
- **Ajouter les navets, les carottes et les courgettes et fermer la casserole jusqu'à ce que la viande soit presque cuite.**
- **Ajouter le potiron et le piment et fermer la casserole jusqu'à ce que les légumes soient cuits**

 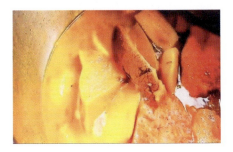

Comment préparer le couscous ?
- **Mettez le couscous dans un grand bol, ajoutez-y du sel et de l'huile, puis ajoutez une tasse d'eau et frottez le couscous à la main jusqu'à ce que tous les grains de couscous soient humides.**
- **Laisser le couscous reposer un moment jusqu'à ce que l'eau soit absorbée.**
- **Mettre le couscous dans le cuit-vapeur et laisser reposer 15 minutes.**
- **On vide le couscous dans un bol, on ajoute une tasse d'eau et on le frotte bien jusqu'à ce que les grains de couscous se séparent les uns des autres, on laisse reposer un peu.**
- **Mettez le couscous dans un cuiseur vapeur et laissez-le pendant 15 minutes.**
- **Nous vidons le couscous dans un bol, ajoutons une tasse d'eau et le frottons bien jusqu'à ce que les grains de couscous se séparent les uns des autres, laissez reposer un peu, remuez avec une cuillère de ghee et remettez-le dans la marmite à vapeur pendant 10 minutes.**

Comment préparer Ettfaya ?

- **Mettez l'oignon et l'huile et remuez pendant 5 minutes**
- **Ajouter de l'eau et laisser les oignons ramollir**
- **Ajouter les raisins rouges séchés, le miel et la cannelle et laisser jusqu'à ce qu'il devienne tendre.**

Comment Présenter ?

- **On vide le couscous dans une assiette de service, on l'humidifie avec du bouillon de légumes, on met la viande au milieu, on dispose les légumes sur les côtés, puis on ajoute ettfay sur la viande.**

Salade de légumes

Ingrédients:
- 250 g de riz, bouilli dans de l'eau et du sel
- Une boîte de maïs en conserve raffiné
- 2 boîtes de thon en conserve à l'huile
- salade verte de laitue
- 3 patates douces, coupées en cubes
- 3 carottes coupées en petits cubes
- 3 betteraves barba
- 300g de haricots verts
- persil haché
- Huile d'olive
- sel
- 1 cuillère à café de poivre noir
- Mayonnaise

Décorer:
- nigelle
- olive verte
- morceaux de surimi fumé
- carré de fromage coupé

La façon de préparer :
- **Faites bouillir la betterave, laissez-la refroidir, puis coupez-la en petits cubes.**
- **Nous cuisons les légumes dans un cuiseur vapeur, et les laissons refroidir.**
- **Mettez le riz bouilli dans un bol, ajoutez du sel, un peu de poivre noir, de la mayonnaise, du maïs en conserve et du thon en conserve égouttés de l'huile.**
- **Mettre les pommes de terre vapeur dans un bol et ajouter le sel, le persil, le poivre noir, la mayonnaise et l'huile d'olive.**
- **Mettez les carottes cuites à la vapeur dans un bol et ajoutez le sel. le persil, le poivre noir et l'huile d'olive.**
- **Mettez les haricots verts cuits à la vapeur dans une casserole et ajoutez le sel, le persil, le poivre noir et l'huile d'olive.**
- **Mettre la betterave bouillie dans un bol et ajouter le sel, le persil, le poivre noir et l'huile d'olive.**

Présentation :
- **Disposer le plat de service avec des feuilles de salade verte.**
- **Mettre le riz au centre et le décorer de carré de fromage.**
- **Mettre les légumes sur les côtés.**
- **Décorer avec des morceaux de surimi, des olives vertes et du nigelle.**

Salade royale de fruits de mer

Ingrédients:
- 250 g de persil dissous dans de l'eau et du sel
- Une boîte de maïs en conserve raffiné
- 2 boîtes de thon en conserve à l'huile
- 250 g de crevette
- 250 g de calmar
- 4 gousses d'ail écrasées
- Jus d'un citron
- un citron
- un ananas
- Concombre coupé en petits cubes
- 100g de surimi, coupé en petits morceaux
- salade verte de laitue
- 3 pommes de terre vapeur, coupées en cubes
- 200 g de haricots verts cuits à la vapeur
- 2 carottes râpées
- persil haché
- Huile d'olive
- sel
- 1 cuillère à café de poivre noir
- Mayonnaise
- œufs de caille à la coque

La façon de préparer:
- **Mettez le riz bouilli dans un bol, ajoutez du sel, un peu de poivre noir, de la mayonnaise, du maïs en conserve et du thon en conserve égouttés de l'huile.**
- **Mettre les pommes de terre vapeur dans un bol et ajouter le sel, le persil, le poivre noir, la mayonnaise et l'huile d'olive,**
- **Mettez les haricots verts cuits à la vapeur dans une casserole et ajoutez le sel, le persil, le poivre noir et l'huile d'olive,**
- **Mettre les morceaux de calmars dans une poêle avec de l'huile d'olive, du sel et deux gousses d'ail pendant 5 minutes.**
- **Mettre les morceaux de lune dans une poêle avec de l'huile d'olive, du sel, deux gousses d'ail et du jus d'orange pendant 4 minutes.**
- **Coupez l'ananas en deux, retirez le cœur de l'ananas et coupez-le en petits carrés.**
- **Mélangez les morceaux de concombre, surimi et ananas avec un peu de jus de citron, et remplissez-le avec les moitiés d'ananas.**

Présentation:
- **Disposer le plat de service avec des feuilles de salade verte.**
- **Mettre le riz au centre et garnir d'œufs durs.**
- **Mettre l'ananas dans les pôles de l'assiette.**
- **Mettez les légumes sur les côtés et décorez avec des cercles de calmar et de crevette.**
- **Garnir d'un peu de persil haché et de citron.16,7**

Salade de pâtes

Ingrédients:
- 250g de macaronis bouillis avec du sel et de l'eau
- Une boîte de maïs en conserve raffiné
- 2 boîtes de thon en conserve à l'huile
- salade verte de laitue
- 3 patates douces, coupées en cubes
- 3 carottes coupées en petits cubes
- persil haché
- Huile d'olive
- sel
- 1 cuillère à café de poivre noir
- Mayonnaise
- œufs bouillis

La façon de préparer :
- **Faites bouillir les pâtes et égouttez-les de l'eau et laissez-les refroidir.**
- **Nous cuisons les légumes dans un cuiseur vapeur, et les laissons refroidir.**
- **Mettez les légumes cuits à la vapeur et les pâtes dans un bol.**
- **Ajouter le maïs, le thon, le sel, le poivre noir, le persil et l'huile.**
- **Bien mélanger les ingrédients.**

Présentation :
- **Disposer le plat de service avec des feuilles de salade verte.**
- **Mettre le mélange de salade dans le plat et le décorer d'œufs durs et de tomates cerises.**

Salade de tomates à la marocaine

Ingrédients:
- 2 tomates
- un concombre
- un poivron vert doux
- un petit oignon
- persil haché
- Huile d'olive
- sel
- 1/2 cuillère à café de poivre noir

Pour préparer la sauce:
- Bien mélanger l'huile d'olive, le sel, le poivre noir et le persil.
- Nous coupons les tomates, les oignons, les concombres et les poivrons en petits cubes, et les mettons dans un bol.
- Ajouter la sauce et bien mélanger.
- Mettez-le sur une assiette de service et décorez de persil haché.

Plat de Elmrozia Marocaine

Ingrédients:
- 1,5 kg de boeuf
- Deux cuillères à soupe d'huile végétale
- Une cuillerée d'huile d'olive
- Un gros oignon émincé
- Deux gousses d'ail écrasées
- Bouquet de coriandre et persil
- Une cuillère à café de curcuma
- 1 cuillère à soupe de gingembre
- 1/2 cuillère à café de poivre noir
- Cuillère à café de sel
- 1 cuillère à soupe d'assaisonnement Elmrozia
- Un peu de safran naturel
- 2 bâtons de cannelle
- Une cuillère à café de cannelle
- 3 cuillères à soupe de miel
- 200 g de raisins rouges séchés
- Amandes frites, pour la garniture

la façon de préparer:
- Dans un bol, mettre les épices (gingembre, sel, poivre noir, curcuma et safran), les épices Elmrozia et l'ail.
- Mélanger les ingrédients avec une demi-tasse d'eau, puis mettre les morceaux de viande dans le mélange, couvrir la marmite et laissez la viande tremper les épices pendant une heure.
- Mettez l'autocuiseur sur feu doux, puis ajoutez l'huile, coupez la viande et les oignons, puis laissez reposer 10 minutes en remuant, jusqu'à ce que la couleur de la viande et des oignons change.
- Ajouter les bâtons de cannelle, le bouquet de coriandre, le persil et deux tasses d'eau et fermer la casserole pendant une heure.
- Ajouter les raisins rouges séchés, la cannelle, le miel et une tasse d'eau, et laisser la viande à feu doux pendant 1/2 heure
- Mettez les amandes dans de l'eau bouillante, puis égouttez-les et enlevez la peau. Nous les séchons avec un mouchoir, les ajoutons et les faisons frire dans l'huile jusqu'à ce qu'elles prennent une couleur dorée.
- - Lorsque la viande est cuite, retirez le bouquet de coriandre et de persil et le bouillon devient lourd, mettez-le dans un plat de service avec le bouillon, décorez-le d'amandes frites et de bâtons de cannelle et servez chaud.

Errfissa moderne au poulet

Pour le bouillon :
- **Un poulet pesant 1,5 kg**
- **2 gros oignons, tranchés longs**
- **Deux cuillères à soupe d'huile de table**
- **1 cuillère à soupe de curcuma**
- **1 cuillère à soupe de gingembre**
- **1 cuillère à café de poivre noir**
- **sel**
- **1 cuillère à café d'assaisonnement l'épicerie**
- **1 cuillère à café de ghee chaud**
- **Safran naturel**
- **Un bouquet de coriandre et de persil**
- **1,5 litre d'eau**
- **150 g de lentilles pré-trempées**
- **cuillère à soupe de fenugrec**

Pour Elmssamane:
- **500g de farine blanche**
- **sel**
- **l'eau**
- **huile végétale pour la titrisation**

Décoration:
- **Œufs pochés**
- **Dattes dénoyautées**
- **Amandes frites**

Ettfaya:
- **Deux cuillères à soupe d'huile végétale**
- **250 g de raisins rouges séchés**
- **4 oignons, tranchés dans le sens de la longueur**
- **Une cuillère à café de cannelle**
- **3 cuillères à soupe de miel**
- **Un demi-litre d'eau**
- **Safran naturel**
- **Un peu de gingembre**
- **Pincée de sel**
- **Prune au miel**
- **prune séchée**
- **Cuillère à beurre**
- **Une cuillère à café de cannelle**
- **2 cuillères à soupe de miel**

Comment préparer le bouillon ?
- **Dans une casserole, mettre le poulet avec les oignons et l'huile et laisser reposer 5 minutes jusqu'à ce que les oignons flétrissent.**
- **Ajouter les épices (sel, curcuma, gingembre, poivre noir, l'épicerie, ghee au safran) et bien mélanger.**
- **On ajoute un bouquet de coriandre, du persil et de l'eau et on ferme la marmite pendant une heure,**
- **Mettez les lentilles et le fenugrec dans une casserole avec de l'eau jusqu'à ébullition et que l'eau s'évapore, puis ajoutez une tasse de bouillon et laissez bouillir pendant 10 minutes.**
- **Lorsque le poulet est cuit, le graisser avec du ghee et le mettre au four pour le dorer.**

Comment préparer l'ettfaya ?
- **Mettez l'oignon et l'huile et remuez pendant 5 minutes.**
- **Ajouter l'eau de safran, le gingembre et le sel et laisser les oignons ramollir.**
- **Ajouter les raisins rouges séchés, le miel et la cannelle et laisser jusqu'à ce qu'il devienne tendre.**

Comment préparer des amandes frites ?
- **Mettez les amandes dans de l'eau bouillante, puis égouttez-les et enlevez la peau.**
- **Nous les séchons avec un mouchoir, les ajoutons et les faisons frire dans l'huile jusqu'à ce qu'elles prennent une couleur dorée.**

Comment préparer la prune au miel ?
- **Dans un bol, mettre une cuillerée de beurre avec les pruneaux dilués et une demi-tasse d'eau. Quand c'est cuit, ajouter une cuillère à café de cannelle et 2 cuillères à soupe de miel et laisser reposer 5 minutes.**

Comment préparer l'emssamane d'errfissa ?
- **Mettre la farine, le sel et l'eau dans un bol et mélanger les ingrédients jusqu'à obtenir une pâte homogène.**
- **Pétrir la pâte pendant 10 minutes, la badigeonner d'huile et former des petites boules de 20 g.**
- **Enduisez chaque poêle d'huile jusqu'à ce qu'elle devienne mince et mettez-la dans une poêle huilée chaude.**
- **Après 30 secondes, nous étirons la deuxième boule et la posons sur la première, puis retournons la pâte.**
- **On répète le même processus jusqu'à atteindre 10 boules, puis on le met dans un mouchoir à l'intérieur d'un sac plastique et on recommence le même processus avec les boules restantes.**
- **Couper la bande de roulement avec des ciseaux longitudinalement.**

Méthode de présentation:
- **On met la bande de roulement au centre du plat de service et on l'arrose de bouillon, on met le poulet au milieu et les pépites sur les côtés, on décore avec des dattes, des amandes frites, du caramel et des prunes au miel.**
- **Servir chaud**

Errfissa Traditionnelle au Poulet

Pour le bouillon :
- Un poulet pesant 1,5 kg
- 2 gros oignons, tranchés longs
- 2 cuillères à soupe d'huile de table
- 1 cuillère à soupe de curcuma
- 1 cuillère à soupe de gingembre
- 1 cuillère à café de poivre noir
- sel
- 1 cuillère à café d'assaisonnement l'épicerie
- 1 cuillère à café de ghee chaud
- Safran naturel
- Un bouquet de coriandre et de persil
- 1,5 litre d'eau
- 150 g de lentilles pré-trempées
- cuillère à soupe de fenugrec

Pour Elmssamane:
- 500g de farine blanche
- sel
- l'eau
- huile végétale pour la titrisation

Comment préparer le bouillon ?
- **Dans une casserole, mettre le poulet avec les oignons et l'huile et laisser reposer 5 minutes jusqu'à ce que les oignons flétrissent.**
- **Ajouter les épices (sel, curcuma, gingembre, poivre noir, l'épicerie, ghee au safran) et bien mélanger.**
- **Nous ajoutons un bouquet de coriandre, du persil et de l'eau et fermons la marmite pendant une demi-heure,**
- **Ajouter les lentilles et le fenugrec et fermer la casserole pendant une heure à feu moyen.**

Comment préparer Elmsaman d'errfissa (au maroc) ?

- **Mettre la farine, le sel et l'eau dans un bol et mélanger les ingrédients jusqu'à obtenir une pâte homogène.**
- **Pétrir la pâte pendant 10 minutes, la badigeonner d'huile et former des petites boules de 20 g,**
- **Enduisez chaque poêle d'huile jusqu'à ce qu'elle devienne mince et mettez-la dans une poêle huilée chaude.**
- **Après 30 secondes, nous étirons la deuxième boule et la posons sur la première, puis retournons la pâte.**
- **On répète le même processus jusqu'à atteindre 10 boules, puis on le met dans un mouchoir à l'intérieur d'un sac plastique et on recommence le même processus avec les boules restantes.**
- **Couper la bande de roulement avec des ciseaux longitudinalement**

Méthode de présentation:
- **On met elmsamane au centre du plat de service et on le verse avec du bouillon, et on met le poulet au milieu.**
- **Servir chaud**

Epaule d'agneau au four

Ingrédients:
- 1 épaule d'agneau (poids 3 kg)
- 2 cuillères à soupe d'huile végétale
- une cuillerée d'huile d'olive
- Un gros oignon coupé en petits morceaux
- 2 gousses d'ail écrasées
- Bouquet de coriandre et persil
- 1 cuillère à café de curcuma
- 1 cuillère à soupe de paprika
- 1 cuillère à soupe de gingembre
- 1/2 cuillère à café de poivre noir
- Cuillère à café de sel
- 1 cuillère à café de cumin
- Une pincée de safran naturel (trempé dans l'eau)
- Cuillère à beurre

Légumes d'accompagnement (facultatif) :
- haricots verts cuits à la vapeur
- Poivron doux rôti et lavé
- Pommes de terre bouillies, coupées en petits morceaux Persil haché, ail, sel, poivre noir et huile d'olive
- Feuilles de laitue pour la garniture
- œufs de caille à la coque
- tomates cerise

La façon de préparer:
- **Dans un bol, mettre les épices (gingembre, sel, poivre noir, curcuma, paprika, cumin et safran) et l'ail Mélanger les ingrédients avec une demi-tasse d'eau.**
- **Nous faisons des trous dans l'épaule avec un couteau et mettons l'assaisonnement dans l'épaule, et laissons la viande tremper dans les épices pendant une heure.**
- **Mettre une casserole sur feu doux, puis ajouter l'huile et les oignons, puis laisser reposer 10 minutes en remuant, jusqu'à ce que les oignons changent de couleur.**
- **Nous graissons l'épaule avec du beurre et la mettons au four jusqu'à ce qu'elle devienne rouge.**
- **Dans un bol, ajouter le persil haché, le sel et le poivre aux pommes de terre et aux haricots verts,**
- **Faire tremper les poivrons dans l'huile d'olive, le sel et l'ail pendant 1/2 heure.**
- **Mettre l'épaule, le bouquet de coriandre, le persil et 1/2 litre d'eau et fermer la marmite pendant une heure et demie jusqu'à ce que la viande soit cuite et que le bouillon devienne épais.**
- **Nous étalons le plat de service avec des feuilles de laitue, mettons l'épaule au milieu et l'attachons aux verts sur les côtés, décorons l'épaule avec des œufs de caille à la coque et de petites tomates**

Zaalouk (Marocaine)

Ingrédients:
- 2 aubergines grillées et lavées
- 2 poivrons verts doux, rôtis et rincés
- 2 tomates en purée,
- 3 gousses d'ail écrasées
- 1 cuillère à soupe de persil haché
- 1 Cuillère à café de sel
- 1 cuillère à café de paprika
- 1 cuillère à café de curcuma
- 1/2 cuillère de poivre noir
- 4 cuillères à café d'huile d'olive

La façon de préparer:
- Couper le poivron vert et l'aubergine.
- Dans une poêle, mettre l'huile et l'ail et bien mélanger.
- Ajouter l'aubergine et le poivre.
- Ajouter la purée de tomates.
- Ajouter les épices (paprika, poivre noir, sel et curcuma) et le persil.
- Laisser sur feu doux en remuant jusqu'à ce que l'eau s'évapore.
- Disposez-le sur une assiette de service et décorez d'un peu de persil haché.
- Peut être accompagné de poissons ou de grillades.

Taktouka marocaine

Ingrédients:
- 4 poivrons verts, rôtis et lavés
- Piment fort rôti et rincé (facultatif)
- 3 gousses d'ail coupées en cubes
- 3 gousses d'ail écrasées
- 1 cuillère à soupe de persil haché
- 1 Cuillère à café de sel
- 1 cuillère à café de paprika
- 1 cuillère à café de curcuma
- 1/2 cuillère de poivre noir
- 4 cuillères à café d'huile d'olive

La façon de préparer:
- **Couper le piment vert et le piment fort.**
- **Dans une poêle, mettre l'huile et l'ail et bien mélanger.**
- **Ajouter les tomates et laisser reposer 10 minutes jusqu'à ce que l'eau soit claire.**
- **Ajouter le poivre, et les épices (paprika, poivre noir, sel et curcuma) et le persil.**
- **Laisser sur feu doux en remuant jusqu'à ce que l'eau s'évapore.**
- **Disposez-le sur une assiette de service et décorez d'un peu de persil haché.**
- **Peut être accompagné de poissons ou de grillades.**

Brochettes de bœuf grillées

Ingrédients:
- 500 g de viande coupée en cubes moyens
- 1 gros oignon coupé en petits morceaux
- 1 cuillère à soupe de persil haché
- 1 cuillère à soupe de coriandre hachée
- 1 Cuillère à café de sel
- 1 cuillère à café de paprika
- 1 cuillère à café de curcuma
- 1/2 cuillère de poivre noir
- 1 cuillère à café de jus de citron
- 2 cuillères à café d'huile d'olive

La façon de préparer:
- **Dans un bol, mettre la coriandre, le persil, les oignons, et les épices (paprika, poivre noir, sel et curcuma).**
- **Mélangez bien et ajoutez-y les morceaux de viande.**
- **Mélangez bien et laissez reposer une heure pour que les épices s'absorbent.**
- **Nous le mettons dans des poteaux et le cuisons dans la machine à barbecue.**
- **Servir chaud et décorer d'un peu de persil haché.**
- **Il peut être accompagné de taktouka, zaalouk et salade de tomates marocaines.**

Brochettes de dinde

Ingrédients:
- 500 g de poitrine de dinde, coupée en cubes moyens
- 1 gros oignon coupé en petits morceaux
- 1 cuillère à soupe de persil haché
- 1 cuillère à soupe de coriandre hachée
- 1 Cuillère à café de sel
- 1 cuillère à café de paprika
- 1 cuillère à café de curcuma
- 1/2 cuillère de poivre noir
- 1 cuillère à café de jus de citron
- 2 cuillères à café d'huile d'olive

La façon de préparer:
- **Dans un bol, mettre la coriandre, le persil, les oignons, et les épices (paprika, poivre noir, sel et curcuma).**
- **Mélangez bien et ajoutez-y les morceaux de dinde.**
- **Mélangez bien et laissez reposer une heure pour que les épices s'absorbent.**
- **Nous le mettons dans des poteaux et le cuisons dans la machine à barbecue.**
- **Servir chaud et décorer d'un peu de persil haché.**
- **Il peut être accompagné de taktouka, zaalouk et salade de tomates marocaines.**

Viande hachée grillée

Ingrédients:
- 500g de viande hachée
- 1 gros oignon coupé en petits morceaux
- 1 cuillère à soupe de persil haché
- 1 cuillère à soupe de coriandre hachée
- 1 Cuillère à café de sel
- 1 cuillère à café de paprika
- 1 cuillère à café de curcuma
- 1/2 cuillère de poivre noir
- 2 cuillères à café d'huile d'olive

La façon de préparer:
- Mettre la viande hachée dans un bol.
- Ajouter la coriandre, le persil et l'oignon.
- Ajouter les épices (paprika, poivre noir, sel et curcuma).
- Bien mélanger, couvrir d'une pellicule plastique et laisser reposer pendant une heure.
- Nous le formons sous forme de doigts et le mettons dans la machine à barbecue.
- Déposez-le sur une assiette de service chaude et décorez d'un peu de persil haché.
- Il peut être accompagné de taktouka, zaalouk et salade de tomates marocaines.

Plat de poisson au four

Ingrédients:
- 1 gros poisson (type au goût)
- 300g de crevette
- 100g d'olives tranchées
- 50 g de champignons noirs trempés dans de l'eau bouillante
- 100g de nouilles chinoises trempées dans de l'eau bouillante
- Deux cuillères à soupe d'huile végétale
- Une cuillerée d'huile d'olive
- 1 cuillère à soupe d'ail en poudre
- Deux cuillères à soupe de coriandre et de persil hachés
- 1 cuillère à café de curcuma
- 1 cuillère à soupe de paprika
- 1 cuillère à soupe de gingembre
- 1/2 cuillère à café de poivre noir
- Cuillère à café de sel
- 1 cuillère à café de cumin
- Une cuillère à café de thym

Légumes d'accompagnement (facultatif) :
- Pommes de terre, tranchées dans le sens de la longueur
- Persil haché, ail, sel, poivre noir, paprika, thym, huile d'olive,
- Aubergines rôties, coupées en deux
- Fromage râpé
- Petites tomates et tranches de citron mariné
- décorer

La façon de préparer:
- **Dans un bol, mettre les épices, thym (on garde les zestes pour la garniture), coriandre et persil.**
- **Mélanger les ingrédients avec une demi-tasse d'eau.**
- **Nous faisons des trous avec un couteau dans le poisson qui a été préalablement lavé avec du citron et du sel, et nous y mettons la moitié de la marinade à l'intérieur et à l'extérieur et dans les trous et la laissons au réfrigérateur pendant 4 heures,**
- **Dans un bol, mettre la moitié de la marinade avec les nouilles chinoises, les tranches d'olive et la moitié de la quantité de cumin, et bien mélanger.**
- **Nous farcissons le poisson, le graissons avec 2 cuillères à soupe d'huile végétale, le recouvrons de papier sulfurisé et de papier d'aluminium, et le mettons au four à 180 degrés pendant 40 minutes.**

- **Nous assaisonnons la moitié de la quantité restante de cumin avec du persil haché, de l'huile d'olive, du sel et de la poudre d'ail, et en farcissons les moitiés d'aubergines grillées.**
- **Ajouter le fromage râpé et une pincée de thym et mettre au four pendant 10 minutes.**
- **Assaisonner les pommes de terre avec du sel, du paprika, du persil haché, de la poudre d'ail, du poivre noir, du thym et une cuillère à soupe d'huile et mettre au four pendant 30 minutes.**
- **Mettez le poisson au milieu de l'assiette de service et décorez-le de rondelles de citron, mettez les pommes de terre et l'aubergine sur les côtés et décorez-le de petites tomates,**

Plat Ettkalia marocaine

Ingrédients:
- 1/2 kg de tripes d'agneau bien lavées
- 250 g de foie d'agneau
- 250 g de poumon d'agneau
- Deux cuillères à soupe d'huile végétale
- Une cuillerée d'huile d'olive
- 2 gros oignons tranchés
- 5 gousses d'ail écrasées
- 4 cuillères à soupe de coriandre et de persil
- 2 tomates en purée
- 1 cuillère à soupe de curcuma
- 1 cuillère à soupe de gingembre
- 1 cuillère à café de poivre noir
- 1 Cuillère à café de sel
- 1 cuillère à soupe de cumin
- 1 cuillère à soupe de paprika
- 1/2 citron mariné

la façon de préparer:
- **Faire tremper la poitrine d'agneau dans de l'eau, du sel et du vinaigre pendant 15 minutes.**
- **Couper le foie et le poumon en cubes de taille moyenne.**
- **Mettez l'autocuiseur sur feu doux, puis ajoutez l'huile et coupez poitrine, le poumon, le foie et l'oignon et laissez reposer 10 minutes.**
- **Ajouter les épices, l'ail, la coriandre, le persil, les tomates et 1 litre d'eau et fermer la casserole pendant une heure et demie.**
- **Lorsque le plat est cuit et que le bouillon devient épais, le mettre dans un plat de service avec le bouillon, et garnir d'olives et de tranches de citron marinées.**

Pastilla au poulet salé

Ingrédients:
- 1 poulet (poids 2 kg), coupé et sans peau
- 1/2 tasse d'huile végétale
- 2 oignons coupés en petits morceaux
- 1/2 tasse de coriandre et de persil hachés
- 2 gousses d'ail écrasées
- 1 cuillère à café de curcuma
- 1 cuillère à soupe de gingembre
- 1/2 cuillère à café de poivre noir
- Cuillère à café de sel
- Une cuillère à café de harissa
- 80 g de champignons noirs trempés dans de l'eau bouillante
- 250 g de nouilles chinoises trempées dans de l'eau bouillante
- 150g de tranches d'olives
- 1 citron pressé
- Fromage rouge et mozzarella râpée
- 500 g de feuille de pastilla
- 100g de beurre fondu

Décorer:
- œufs de caille à la coque
- Fromage râpé
- Tomates cerises
- Tranches de citrons

La façon de préparer :
- Dans une casserole, on met de l'huile, des oignons, des morceaux de poulet, des épices (gingembre, sel, poivre noir, curcuma, safran), coriandre, persil, ail, harissa et citron mariné.
- On met la casserole sur feu doux, puis on ajoute 1/2 tasse d'eau et on laisse cuire dans l'eau sécrétée par les oignons.
- Lorsque le poulet est cuit, retirez-le de la casserole et laissez-le refroidir, puis retirez les os et hachez-le.
- Couper les nouilles chinoises, les champignons noirs et les tranches d'olive, les ajouter aux oignons et laisser reposer 5 minutes.
- Laisser refroidir et mélanger avec le poulet et y ajouter du fromage rouge et de la mozzarella râpée.
- Beurrer une plaque allant au four et tapisser 5 feuilles de pastilla beurrées.
- Mettez la garniture et ajoutez le fromage, puis fermez la pastilla avec deux feuilles de papier graissées au beurre et insérez les côtés vers l'intérieur, puis badigeonnez le visage de beurre et décorez avec les feuilles pliées de papier à pastilla.
- Nous le mettons au four préchauffé à 180 degrés jusqu'à ce qu'il devienne rouge.
- Garnir d'œufs, de fromage rouge râpé, de tomates cerises et de tranches de citron, et servir chaud.

Pastilla au poulet et aux amandes

Ingrédients:
- 1 poulet (poids 2 kg), coupé et sans peau
- 1/2 tasse d'huile végétale
- 2 kg d'oignons coupés en petits morceaux
- 1/2 tasse de coriandre et de persil hachés
- 1 cuillère à café de curcuma
- 1 cuillère à soupe de gingembre
- 1/2 cuillère à café de poivre noir
- Cuillère à café de sel
- Une pincée de safran naturel (trempé dans l'eau)
- 2 bâtons de cannelle
- 1 Cuillère à miel
- 8 œufs
- 700 g d'amandes
- 150g de sucre semoule
- 500 g de feuille de pastilla
- 100g de beurre fondu

Décorer:
- Sucre mou
- Cannelle
- Amandes frites croustillantes
- œufs de caille à la coque
- Feuilles de rosier municipal

La façon de préparer:
- **Dans une casserole, mettre l'huile, les oignons, les morceaux de poulet, les épices (gingembre, sel, poivre noir, curcuma et safran), la coriandre, le persil et les bâtons de cannelle et bien mélanger.**
- **On met la casserole sur feu doux, puis on ajoute 1/2 tasse d'eau et on laisse cuire dans l'eau sécrétée par les oignons.**
- **Lorsque le poulet est cuit, retirez-le de la casserole et laissez-le refroidir, puis retirez les os et hachez-le.**
- **Ajouter une cuillerée de miel et laisser ramollir les oignons.**
- **Ajouter graduellement les œufs, tout en remuant, aux oignons.**
- **Mettre le mélange d'œufs et d'oignons dans un filet pour enlever l'excès d'huile et garder cette huile.**
- **On met les amandes dans de l'eau bouillante, puis on les égoutte et on enlève la peau, on les sèche avec un mouchoir, on les ajoute et on les fait frire dans l'huile jusqu'à ce qu'elles prennent une couleur dorée.**
- **Laissez-le refroidir et broyez-le avec du sucre grossier et une cuillère de cannelle jusqu'à ce qu'il devienne mou, puis mélangez-le avec l'huile distillée des oignons.**
- **Beurrer une plaque allant au four et tapisser 5 feuilles de pastilla beurrées.**

- Mettre le bouillon de volaille, puis la couche d'oignons, puis la couche d'amandes, et refermer les feuilles de pastilla par les côtés.
- Fermez la pastilla avec deux feuilles de papier beurrées et insérez les côtés vers l'intérieur, puis badigeonnez le visage de beurre.
- Nous le mettons dans le four préchauffé à 180 degrés jusqu'à ce qu'il devienne rouge.
- Laissez-le refroidir un peu et décorez-le avec du sucre fin, de la cannelle, des œufs durs, des feuilles de rose et des amandes la purée.

Pastilla de poisson de luxe

Ingrédients:
- 1/2 kilo de cumin, pelé
- 1/2 kilo de crevettes décortiquées
- 1/2 kilo de calamars
- 1 kg de poissons blancs, perches
- 1/2 tasse d'huile végétale
- 1/2 tasse d'huile d'olive
- 1 tasse de coriandre et de persil hachés
- 6 gousses d'ail écrasées
- 1 cuillère à café de curcuma
- 1 cuillère à soupe de cumin
- 1/2 cuillère à café de poivre noir
- Cuillère à café de sel
- 1 cuillère à café de harissa (sauce au piment rouge)
- 80 g de champignons noirs trempés dans de l'eau bouillante
- 250 g de nouilles chinoises trempées dans de l'eau bouillante
- 150 g d'olives hachées
- 1 citron pressé
- Fromage râpé
- 500 g de feuilles de pastilla
- 100 g de beurre fondu

Décorer:
- Cercles de citron
- Fromage râpé
- Crevettes célèbres

La façon de préparer:
- **Nous broyons des citrons marinés, de l'ail, du persil, des épices, de harissa(sauce au piment rouge), de l'huile d'olive et du jus de citron jusqu'à obtenir une sauce homogène.**
- **Dans une poêle, mettre un peu d'huile et une cuillerée de la sauce préparée et le crevette au et cuire à feu vif pendant 4 minutes.**
- **Répétez le même processus pour le poisson blanc, et couper en morceaux.**
- **Nous faisons bouillir les calamars dans l'eau avec les feuilles de rand, le filtrons, tamisons une cuillerée de sauce pour cela et le cuisons dans une poêle pendant 3 minutes.**
- **Couper les nouilles chinoises, les champignons noirs et les rondelles d'olive, ajouter 3 cuillères à soupe de sauce et laisser mousser 3 minutes.**

- **Mélanger tous les ingrédients et laisser refroidir.**
- **Beurrer une plaque allant au four et 5 feuilles de pastilla beurrées.**
- **Mettre la garniture et ajouter le fromage, puis refermer la pastilla avec deux feuilles de papier beurrées et mettre les côtés vers l'intérieur, puis badigeonner le visage de beurre.**
- **Nous le mettons au four préchauffé à 180 degrés jusqu'à ce qu'il devienne rouge.**
- **Garnir de tranches de citron, de fromage rouge râpé et de tomates cerises et servir chaud.**

Nouilles au poulet

Ingrédients :
- 1 poulet (poids 2 kg), coupé et sans peau
- 1/2 tasse d'huile végétale
- 1 kg d'oignon coupé en petits morceaux
- 1/2 tasse de coriandre et de persil hachés
- 1 cuillère à café de curcuma
- 1 cuillère à soupe de gingembre
- 1/2 cuillère à café de poivre noir
- Cuillère à café de sel
- Une pincée de safran naturel (trempé dans l'eau)
- 2 bâtons de cannelle
- Cuillère à miel

pour les nouilles :
- 1/2 kg de fines nouilles (essafa)
- 4 cuillères à soupe d'huile
- 1 cuillère à soupe de beurre
- 150 g d'amandes frites et concassées
- 100 g de raisins secs trempés dans l'eau
- sucre mou
- 1/4 litre d'eau (selon la qualité du couscous)

Décorer:
- 100 g d'amandes grillées,
- cannelle
- Dattes
- sucre mou

La façon de préparer:
- **Dans une casserole, mettre l'huile, les oignons, les morceaux de poulet, les épices (gingembre, sel, poivre noir, curcuma, safran), la coriandre, le persil et les bâtons de cannelle et bien mélanger.**
- **On met la casserole sur feu doux, puis on ajoute 1/2 tasse d'eau et on laisse cuire dans l'eau sécrétée par les oignons.**
- **Lorsque le poulet est cuit, retirez-le de la casserole et laissez-le refroidir, puis retirez les os et hachez-le.**
- **Ajouter une cuillère à soupe de miel et laisser mariner les oignons.**
- **Ajouter le poulet aux oignons au miel.**
- **Méthode de présentation:**
- **Graisser les nouilles avec du beurre et verser la moitié dans un plat de service.**
- **Ajouter une couche de poulet et d'oignons au miel.**
- **Ajouter le reste des nouilles.**
- **Garnir de cannelle, de sucre fin, de dattes et d'amandes concassées.**

Essafa des nouilles

Pour les nouilles :
- 1/2 kg de fines nouilles (essaffa)
- 4 cuillères à soupe d'huile
- 1 cuillère à soupe de beurre
- 150g d'amandes frites et concassées
- 100 g de raisins secs trempés dans l'eau
- sucre mou
- 1/4 litre d'eau (selon la qualité du couscous)

Décorer:
- 100 g d'amandes grillées,
- cannelle
- raisin sec
- sucre doux
- datte

La façon de préparer :
- **Mettre les nouilles dans un bol et les badigeonner d'huile.**
- **Mettre les nouilles dans le cuit-vapeur et laisser reposer 15 minutes.**
- **Nous vidons les nouilles dans un bol et ajoutons 1/2 litre d'eau bouillante, remuons pour aérer et laissons reposer un peu.**
- **Graisser les nouilles avec 2 cuillères à soupe d'huile et les mettre dans une poêle à vapeur et laisser reposer 15 minutes.**
- **Nous vidons les nouilles dans un bol, ajoutons 1/2 litre d'eau bouillante et remuons en les laissant reposer un peu.**
- **Mélangez-le avec une cuillère de beurre, ajoutez-y des raisins séchées et une cuillère de sucre fin et remettez-le dans la marmite à vapeur pendant 10 minutes.**
- **Beurrez les nouilles avec un peu de beurre, mélangez-y les amandes concassées et disposez-les dans un plat de service.**
- **Garnissez-le de sucre fin, de cannelle, de dattes et d'amandes concassées.**

Essafa de couscous

Pour le couscous :
- 1/2 kg de couscous fin
- 1 cuillère à soupe de beurre
- 150g d'amandes frites et concassées
- 100 g de raisins secs trempés dans l'eau
- sucre mou
- 1/4 litre d'eau (selon la qualité du couscous)

Décorer:
- 100 g d'amandes grillées
- cannelle
- Datte
- sucre doux

Comment préparer le couscous ?
- **Mettez le couscous dans un grand bol, ajoutez une tasse d'eau et frottez le couscous à la main jusqu'à ce que tout le couscous soit mouillé.**
- **Laisser le couscous reposer un moment jusqu'à ce que l'eau soit absorbée.**
- **Mettre le couscous dans le cuit-vapeur et laisser reposer 15 minutes.**
- **On vide le couscous dans un bol, on ajoute une tasse d'eau et on le frotte bien jusqu'à ce que les grains de couscous se séparent les uns des autres, on laisse reposer un peu.**
- **Mettez le couscous dans un cuiseur vapeur et laissez-le pendant 15 minutes.**
- **Nous vidons le couscous dans un bol, ajoutons une tasse d'eau et frottez bien jusqu'à ce que les grains de couscous se séparent les uns des autres, laissez reposer un peu, remuez avec une cuillère de beurre, ajoutez des raisins secs et une cuillère de sucre fin à et remettez-le dans la marmite à vapeur pendant 10 minutes.**
- **Beurrer le couscous avec un peu de beurre, mélanger avec les amandes concassées, et le mettre dans un plat de service.**
- **Garnissez-le de sucre fin, de cannelle, de dattes et d'amandes concassées.**

Soupe marocaine (Elharira)

Ingrédients:
- 250 g de morceaux de viande
- Un gros oignon émincé
- 3 tomates râpées
- 100 g de pois chiches trempés dans l'eau et épluchés
- 2 cuillères à soupe de persil haché
- 2 cuillères à soupe de coriandre hachée
- 2 cuillères à soupe de céleri haché
- 100g de farine blanche
- 2 cuillères à soupe de concentré de tomates
- 1 Cuillère à café de sel
- 1 cuillère à café de curcuma
- 1/2 cuillère de poivre noir
- 1/2 cuillère de ghee (smen marocaine)
- 2 cuillères à café d'huile d'olive

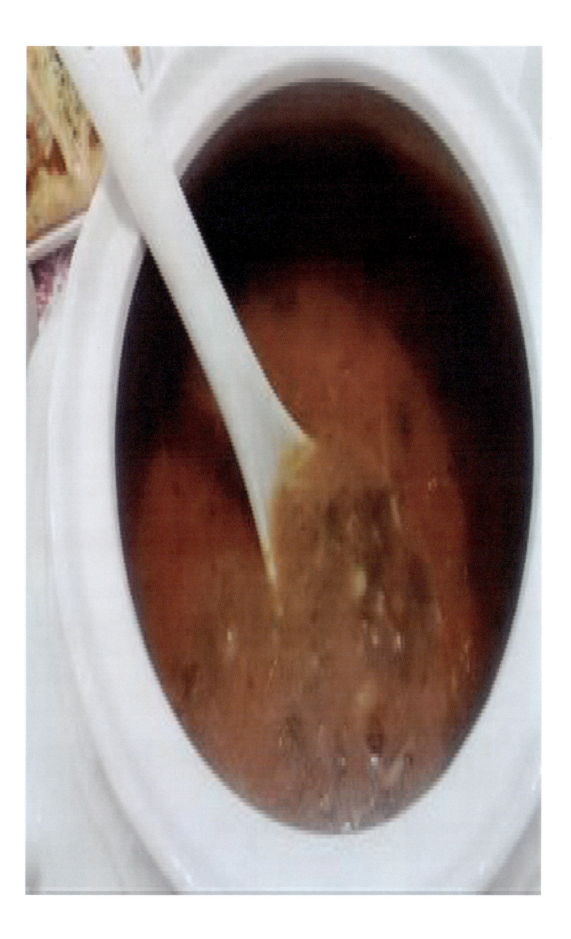

La façon de préparer:
- **Dans une casserole à feu doux, faire revenir les oignons émincés et les morceaux de viande dans l'huile pendant 3 minutes.**
- **Ajouter les tomates, les pois chiches, la moitié de la coriandre, le céleri et le persil.**
- **Ajouter les épices et l'eau et fermer la marmite pendant 45 minutes jusqu'à ce que les pois chiches et les morceaux de viande soient cuits.**
- **Ajouter 1 litre d'eau bouillante.**
- **Mélanger la farine blanche avec un peu d'eau et les tomates en conserve et l'ajouter petit à petit en remuant.**
- **Ajouter les nouilles et continuer à remuer.**
- **Ajouter la quantité restante de coriandre, de persil et de céleri.**
- **Remuez de temps en temps jusqu'à ce que les nouilles soient cuites.**
- **Garnir d'un peu de persil, servi avec des rondelles de citron, des dattes et une chebakia marocaine.**

Soupe de poisson

Ingrédients:
- 250 g de crevette (avec les écorces conservées)
- 250 g de poisson blanc en option
- 1 gros oignon émincé
- 3 tomates râpées
- 2 carottes, tranchées
- branches de céleri
- 2 gousses d'ail
- feuille de laurier
- 2 cuillères à soupe de fécule de maïs
- 2 cuillères à soupe de concentré de tomate
- 2 cuillères à soupe de fromage
- 1 Cuillère à café de sel
- 2 cuillères à café d'huile d'olive

La façon de préparer:
- **Dans une casserole à feu doux, faire revenir les oignons, les zestes de cumin, les branches de céleri, l'ail et les tomates dans l'huile pendant 3 minutes.**
- **Ajouter le centre de tomate, la feuille de laurier, le sel et 2 litres d'eau.**
- **Laisser bouillir 30 minutes et retirer la mousse qui se forme à chaque fois.**
- **Filtrez le bouillon et remettez-le à cuire à feu doux.**
- **Ajouter les morceaux de poisson et de cumin.**
- **Mélanger la fécule de maïs avec un peu d'eau et l'ajouter progressivement en remuant.**
- **Laisser à feu doux pendant 8 minutes**
- **Ajouter le fromage et éteindre le feu.**
- **Servir avec du jus de citron chaud.**

Poulet et pommes de terre au four

Ingrédients:
- 1 kg de morceaux de poulet
- 2 cuillères à soupe d'huile d'olive
- 1 cuillère à soupe de moutarde
- Oignon coupé en cercles
- 1 tomate, coupée en cercles
- Deux gousses d'ail écrasées
- 1/2 tasse de coriandre et de persil hachés
- 1 cuillère à soupe de tomates en conserve
- 1 cuillère à café de curcuma
- Une cuillère à café de paprika
- 1 cuillère à café de cumin
- 1 cuillère à soupe de gingembre
- 1/2 cuillère à café de poivre noir
- Cuillère à café de sel
- Une pincée de safran naturel (trempé dans l'eau)
- 4 patates douces, coupées en cercles

La façon de préparer:
- **Dans un bol, mettre les épices (gingembre, sel, poivre noir, curcuma, paprika, cumin et safran), ail, persil, coriandre, moutarde et tomates confites.**
- **Mélanger les ingrédients avec une demi-tasse d'eau.**
- **Mettez les morceaux de poulet dans le mélange et laissez-le pendant une heure.**
- **Nous mettons les cercles de pommes de terre et mettons les cercles d'oignons et de tomates dessus, puis les morceaux de poulet sur le dessus et versons le reste du mélange d'épices et ajoutons une demi-tasse d'eau et 2 cuillères à soupe d'huile.**
- **Couvrir le plat de papier sulfurisé et de papier aluminium et mettre au four à 180 degrés pendant 1h30.**
- **Garnir le plat de persil haché et servir chaud**
- **Des olives peuvent également être ajoutées.**

Plat de poulet au four aux légumes

Ingrédients:
- 1 poulet (poids 2 kg)
- 2 cuillères à soupe de beurre
- 1 cuillère à soupe de moutarde
- Deux gousses d'ail écrasées
- 1/2 tasse de coriandre et de persil hachés
- 1 cuillère à café de curcuma
- Une cuillère à café de paprika
- 1 cuillère à café de cumin
- 1 cuillère à soupe de gingembre
- 1/2 cuillère à café de poivre noir
- Cuillère à café de sel
- Une pincée de safran naturel (trempé dans l'eau)
- 200g de nouilles chinoises (trempées dans de l'eau bouillante)
- Tranches d'olives vertes
- Pulpe de citron mariné

Légumes d'accompagnement :
- 2 carottes, pelées, tranchées dans le sens de la longueur
- 2 pommes de terre bouillies, tranchées dans le sens de la longueur
- 2 courgettes, tranchées dans le sens de la longueur
- Deux gousses d'ail émincées
- Une cuillerée de persil haché
- Sel, paprika, poivre noir et huile d'olive
- Poivrons rouges et verts tranchés

La façon de préparer:
- **Dans un bol, mettre les épices (gingembre, sel, poivre noir, curcuma, paprika, cumin et safran), ail, persil, coriandre, moutarde et pulpe de citron.**
- **Mélanger les ingrédients avec une demi-tasse d'eau.**
- **On fait des trous dans le poulet avec un couteau et on met la moitié de la marinade dans le poulet, et on laisse tremper les épices pendant une heure,**
- **Dans un bol, mettre la moitié de la marinade avec les nouilles chinoises et les tranches d'olive**
- **Nous farcissons le poulet, le recouvrons de papier parchemin et de papier d'aluminium et le mettons au four à 180 degrés pendant 1,5 heure.**
- **Dans un bol, ajouter le persil haché, le sel, le poivre, le paprika et l'huile d'olive, bien mélanger et assaisonner avec les pommes de terre, les courgettes, les carottes et les poivrons, et les mettre au four pendant 15 minutes.**
- **Nous étalons le plat de service avec des feuilles de laitue, mettons le poulet rôti au milieu et le fixons aux verts sur les côtés.**

Plat de jambes de boeuf aux pois chiches (ELKORIINE)

Ingrédients:
- 3 jambes de beouf, coupées en morceaux moyens
- Deux grosses cuillères d'huile végétale
- 1 cuillère à soupe d'huile d'olive
- 1 gros oignon, tranché
- 5 gousses d'ail écrasées
- Une poignée de coriandre et de persil
- 1 cuillère à soupe de curcuma
- 1 cuillère à soupe de gingembre
- 1 cuillère à café de poivre noir
- 1 Cuillère à café de sel
- 1 cuillère à soupe de cumin
- 1 cuillère à soupe de paprika
- 150 grammes de pois chiches trempés dans l'eau
- 150 g de raisins rouges séchés
- 1 cuillère à soupe de miel
- 1 cuillère à café de cannelle

La façon de préparer:

- **On met l'autocuiseur à feu doux, puis on ajoute l'huile, on coupe les cuisses de bœuf et les oignons, puis on laisse reposer 10 minutes, en remuant, jusqu'à ce que la couleur de l'oignon change.**
- **Ajouter les épices, l'ail, le bouquet de coriandre, le persil et 2 litres d'eau et fermer la marmite pendant une heure.**
- **Ajouter les pois chiches et fermer la casserole pendant 1/2 heure.**
- **Ajouter les raisins secs, le miel et la cannelle et fermer la casserole pendant ½ heure jusqu'à ce que le bouillon caille.**
- **Lorsque les cuisses de bœuf sont cuites et que le bouillon devient épais, retirez le bouquet de coriandre et de persil, mettez la viande dans un plat de service avec le bouillon, décorez-la de pois chiches et de raisins secs et servez chaud.**